Impressum
Verlag: BABADADA GmbH, Nedderfeld 112 , 22529 Hamburg
Geschäftsführer / Verlagsleitung: Harald Hof
Druck: Books on Demand GmbH, In de Tarpen 42, 22848 Norderstedt

Imprint
Publisher: BABADADA GmbH, Nedderfeld 112 , 22529 Hamburg, Germany
Managing Director / Publishing direction: Harald Hof
Print: Books on Demand GmbH, In de Tarpen 42, 22848 Norderstedt, Germany

სკოლა
학교

교실
გაყოფა
나누다
186/2
დაფა
칠판
მასწავლებელი
교사
სკოლის ეზო
ქაღალდი
종이
წერა
쓰다
კალამი
펜
მაგიდა
책상
სახაზავი
자
წიგნი
책
მოსწავლე
학생

ზურგჩანთა

책가방

პენალი

필통

ფანქარი

연필

ფანქრების სათლელი

연필깎이

საშლელი

지우개

ნახატების ალბომი

스케치북

ნახატი

그림

ფუნჯი

붓

სალებავის ყუთი

그림물감 통

მაკრატელი

가위

წებო

풀

სავარჯიშო რვეული

연습장

საშინაო დავალება

숙제

12

ნომერი

숫자

2+2

დამატება

더하다

5-2

გამოკლება

빼다

2×2

გამრავლება

곱하다

გამოთვლა

계산하다

A

წერილი

글자

ABCDEFG
HIJKLMN
OPQRSTU
VWXYZ

ანბანი

알파벳

hello

სიტყვა

낱말

ტექსტი

텍스트

წაკითხვა

읽다

ცარცი

분필

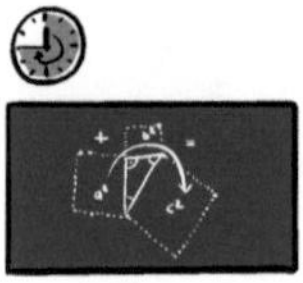

გაკვეთილი

수업시간

რეგისტრაცია

출석부

გამოცდა

시험

სერტიფიკატი

증명서

სკოლის ფორმა

교복

განათლება

교육

ენციკლოპედია

백과사전

უნივერსიტეტი

대학교

მიკროსკოპი

현미경

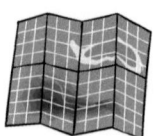

რუქა

지도

კალათა ნარჩენი ქაღალდებისათვის

휴지통

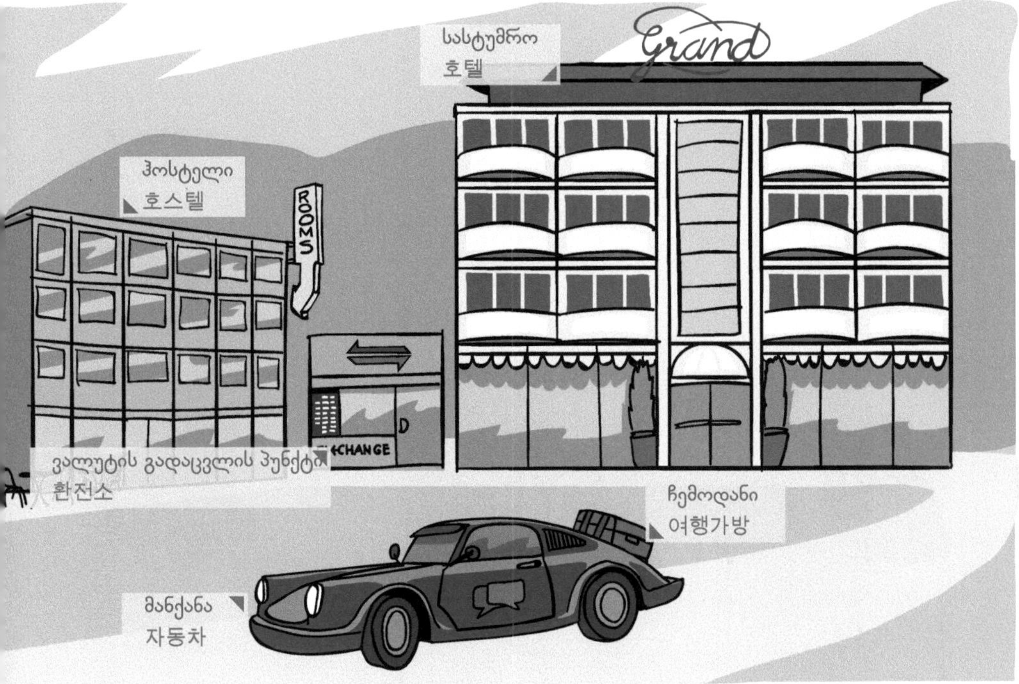

სასტუმრო
호텔
Grand
ჰოსტელი
호스텔
ROOMS
ვალუტის გადაცვლის პუნქტი
환전소
ჩემოდანი
여행가방
მანქანა
자동차

ენა

언어

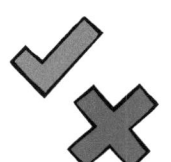

კი / არა

예 / 아니오

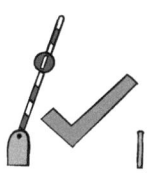

კარგი

좋아

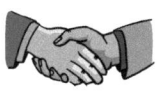

გამარჯობა

안녕

მთარგმნელი

번역가

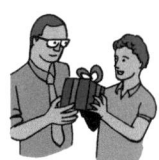

გმადლობთ

고마워, 고마워요

რა ღირს... ?

... 얼마입니까?

ვერ გავიგე

나는 이해하지 못합니다

პრობლემა

문제

აღამო მშვიდობისა!

안녕하세요!

დილა მშვიდობისა!

안녕하세요!

ღამე მშვიდობისა!

잘자요!

ნახვამდის

또 만나요

მიმართულება

방향

ბარგი

수하물

ჩანთა

가방

ზურგჩანთა

배낭

სტუმარი

손님

ოთახი

방

საძილე ტომარა

침낭

კარავი

텐트

უ~რისტული ინფორმაცია
여행 안내

სანაპირო
해변

საკრედიტო ბარათი
신용카드

საუზმე
아침식사

ლანჩი
점심식사

ვახშამი
저녁식사

ბილეთი
승차권

ლიფტი
승강기

საფოსტო მარკა
우표

საზღვარი
경계

საბაჟო
세관

საელჩო
대사관

ვიზა
비자

პასპორტი
여권

ტრანსპორტი
운반

თვითმფრინავი
비행기
გემი
배
სახანძრო მანქანა
소방차
სატვირთო მანქანა
화물차
ავტობუსი
버스
მოტორიზებული ნავი
모터보트
მანქანა
자동차
ველოსიპედი
자전거

ბორანი
페리

ნავი
보트

მოტოციკლი
오토바이

პოლიციის მანქანა
경찰차

სარბოლო მანქანა
경주차

დაქირავებული მანქანა
렌트카

მანქანის ერთობლივი
მოხმარება
카셰어링

საბუქსირე მანქანა
견인차

ნაგვის მანქანა
쓰레기차

ძრავა
모터

საწვავი
연료

ბენზინგასამართი სადგური
주유소

საგზაო ნიშანი
교통 표지

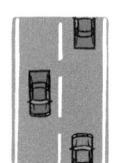

მოძრაობა
교통

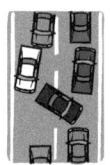

საცობი
교통 정체

მანქანის სადგომი
주차장

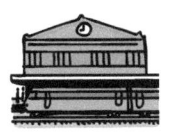

მატარებლის სადგური
기차역

ლიანდაგები
트랙터

მატარებელი
기차

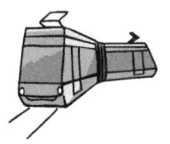

ტრამვაი
전차

ვაგონი
객차

ვერტმფრენი

헬리콥터

აეროპორტი

공항

კოშკი

타워

მგზავრი

승객

კონტეინერი

컨테이너

მუყაოს ყუთი

상자

ურიკა

카트

კალათა

바구니

აფრენა / დაშვება

출발하다 / 도착하다

ქალაქი
도시

სოფელი

마을

ქალაქის ცენტრი

도심

სახლი

집

კინოთეატრი
영화관
CINEMA
რეკლამა
광고
ქუჩის ლამპიონი
가로등
ქუჩა
거리
ტაქსი
택시
분식점
ქვეითი
보행자
ტროტუარი
인도
ჯვარედინი
교차로
ქვეითების გადასასვლელი
횡단보도
ნაგვის ურნა
쓰레기통
შუქნიშანი
신호등

ქოხი

오두막

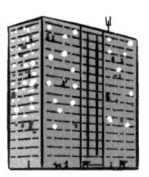

ბინა

주택

მატარებლის სადგური

기차역

მუნიციპალიტეტი

시청

მუზეუმი

박물관

სკოლა

학교

უნივერსიტეტი
대학교

ბანკი
은행

საავადმყოფო
병원

სასტუმრო
호텔

აფთიაქი
약국

ოფისი
사무실

წიგნების მაღაზია
서점

მაღაზია
상점

ფლორისტი
꽃가게

სუპერმარკეტი
수퍼마켓

ბაზარი
시장

მაღაზიის განყოფილება
백화점

თევზის გამყიდველი
생선가게

სავაჭრო ცენტრი
쇼핑 센터

ნავსადგომი
항구

პარკი

공원

გრძელი სკამი

벤치

ხიდი

다리

კიბეები

계단

მიწისქვეშა გადასასვლელი

지하철

გვირაბი

터널

ავტობუსის გაჩერება

버스 정류장

ბარი

바

რესტორანი

레스토랑

საფოსტო ყუთი

우체통

ქუჩის ნიშანი

도로 표지판

პარკინგის საზომი

주차료 징수기

ზოოპარკი

동물원

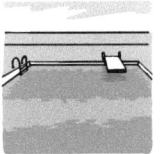

საცურაო აუზი

수영장

მეჩეთი

모스크 사원

ფერმა

농장

გარემოს დაბინძურება

환경오염

სასაფლაო

공동묘지

ეკლესია

교회

საბავშვო მოედანი

놀이터

ტაძარი

절

ლანდშაფტი
풍경

ი
잎
გზის მანიშნებელი ნიშანი
이정표
გზა
길
მდელო
초원
ქვა
돌
მოგზაური
도보여행자
ხე
나무
მდინარე
강
ბალახი
잔디
ყვავილი
꽃

ხეობა
계곡

გორაკი
산

ტბა
호수

ტყე
숲

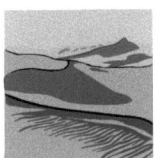

უდაბნო
사막

ვულკანი
화산

ციხე
성

ცისარტყელა
무지개

სოკო
버섯

პალმა
야자나무

კოღო
모기

ბუზი
파리

ჭიანჭველა
개미

ფუტკარი
벌

ობობა
거미

ხოჭო
딱정벌레

ბაყაყი
개구리

ციყვი
다람쥐

ზღარბი
고슴도치

კურდღელი
토끼

ბუ
부엉이

ფრინველი
새

გედი
백조

ტახი
맷돼지

ირემი
사슴

ცხენ-ირემი
순록

კაშხალი
댐

ქარის ტურბინა
풍력 터빈

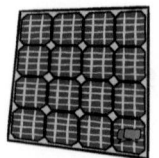

მზის ბატარეა
태양광 전지판

კლიმატი
기후

რესტორანი
레스토랑

მიმტანი
웨이터

მენიუ
메뉴

სკამი
의자

სუპი
수프

პიცა
피자

მაგიდაზე გადასაფარებელი
테이블보

დანა-ჩანგალი
수저

საუზმე

전채요리

მთავარი კერძი

주요리

დესერტი

후식

დასალევი

음료수

საჭმელი

음식

ბოთლი

병

სწრაფი კვება

인스턴트 식품

ქუჩის საჭმელი

길거리음식

ჩაიდანი

찻주전자

საშაქრე

설탕통

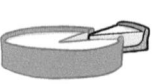

პორცია

인분

ესპრესოს მანქანა

에스프레소 머신

მაღალი სკამი

높은 의자

ანგარიში

계산서

ლანგარი

쟁반

დანა

칼

ჩანგალი

포크

კოვზი

숟가락

ჩაის კოვზი

찻숟가락

ხელსახოცი

냅킨

ჭიქა

유리잔

რესტორანი - 레스토랑

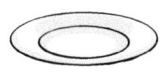

თეფში
접시

სუპის თეფში
수프 그릇

ჩაის ლამბაქი
컵 받침

საწებელი
소스

სამარილე
소금통

წიწაკის საფქვავი
후추통

ძმარი
식초

ზეთი
기름

სანელებლები
양념

კეტჩუპი
케첩

მდოგვი
겨자

მაიონეზი
마요네즈

სუპერმარკეტი
수퍼마켓

სპეციალური შეთავაზება
특가 판매
FOR
მომხმარებელი
고객
რძის ნაწარმი
유제품
ხილი
과일
ურიკა
트롤리

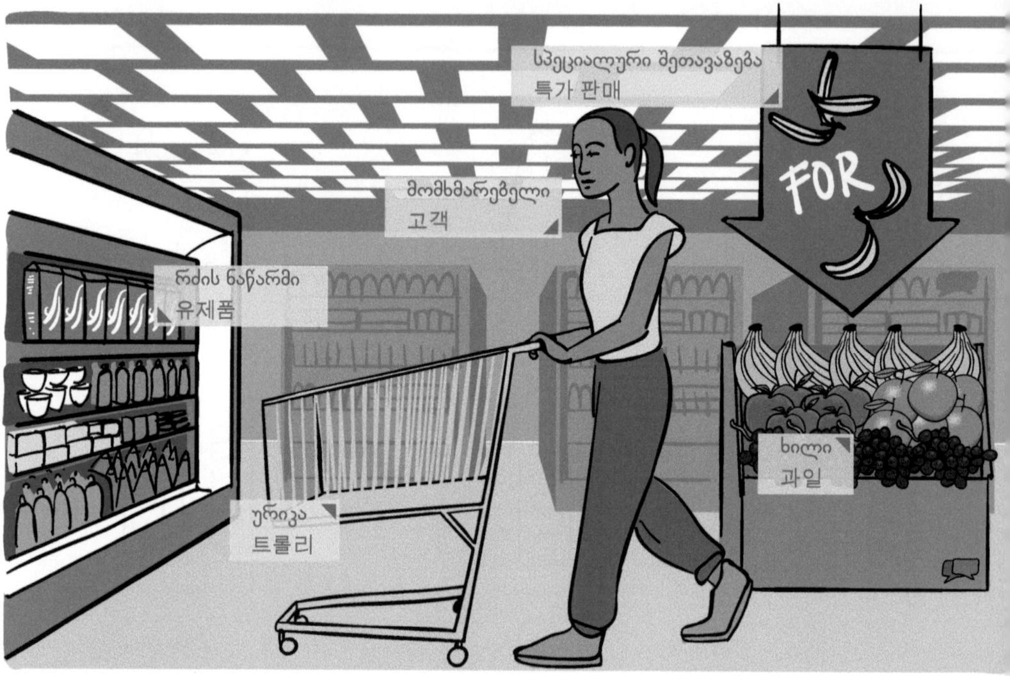

საყასბო

정육점

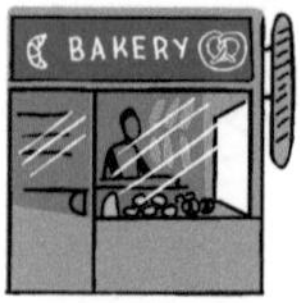

საცხობი

빵집

აწონვა

무게가 나가다

ბოსტნეული

채소

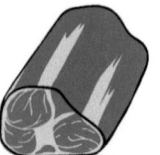

ხორცი

고기

გაყინული საკვები

냉동식품

გრილი ხორცი

냉육

კონსერვები

통조림

სარეცხი ფხვნილი

가루 세제

ტკბილეული

달콤한 간식

საყოფაცხოვრებო პროდუქტები

가정용품

სარეცხი საშუალებები

세척제

გამყიდველი

판매원

სალარო

계산대

მოლარე

계산원

საყიდლების სია

구매목록

მუშაობის საათები

문 여는 시간

პორტმანი

지갑

საკრედიტო ბარათი

신용카드

ჩანთა

가방

პლასტიკური პარკი

비닐 봉투

დასალევი
음료수

წყალი

물

წვენი

주스

რძე

우유

კოკა-კოლა

콜라

ღვინო

와인

ლუდი

맥주

ალკოჰოლი

술

კაკაო

카카오

ჩაი

차고

ყავა

커피

ესპრესო

에스프레소

კაპუჩინო

카푸치노

საჭმელი
음식

ბანანი

....

바나나

ვაშლი

....

사과

ფორთოხალი

....

오렌지

საზამთრო

....

수박

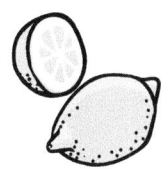

ლიმონი

....

레몬

სტაფილო

....

당근

ნიორი

....

마늘

ბამბუკი

....

대나무

ხახვი

....

양파

სოკო

....

버섯

კაკალი

....

견과류

ატრია

....

국수

სპაგეტი

스파게티

ბრინჯი

쌀

სალათი

샐러드

ჩიპსები

감자칩

შემწვარი კარტოფილი

감자튀김

პიცა

피자

ჰამბურგერი

햄버거

სენდვიჩი

샌드위치

კოტლეტი

커틀렛

ლორი

햄

სალიამი

살라미

ძეხვი

소시지

წიწილა

닭

შემწვარი ხორცი

구이

თევზი

생선

შვრიის ფაფა

오트밀

მუსლი

뮤슬리

სიმინდის ფანტელები

콘플레이크

ფქვილი

밀가루

კრუასანი

크루아상

ბულკი

롤빵

პური

빵

ტოსტი

토스트

ნამცხვრები

비스킷

კარაქი

버터

ხაჭო

응유

ტორტი

케이크

კვერცხი

달걀

ერბო-კვერცხი

계란 후라이

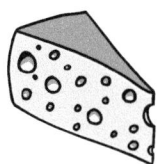

ყველი

치즈

ნაყინი
아이스크림

შაქარი
설탕

თაფლი
꿀

ჯემი
잼

შოკოლადის კრემი
누가 크림

კარი
카레

ფერმა
농장

თავლა
헛간
ჩალის შეკვრა
볏짚 더미
ყანა
들
ცხენი
말
მისაბმელი
트레일러
კვიცი
망아지
ტრაქტორი
트랙터
ვირი
당나귀
ცხვარი
양
ცხვარი
새끼 양

თხა

염소

ძროხა

암소

ხბო

송아지

ღორი

돼지

გოჭი

새끼 돼지

ხარი

황소

ბატი

거위

იხვი

오리

წიწილა

병아리

ქათამი

암탉

მამალი

수탉

ვირთხა

쥐

კატა

고양이

თაგვი

생쥐

ხარი

황소

ძაღლი

개

საძაღლე

개집

ბაღის შლანგი

정원용 호스

საბაღე წურწურა

물뿌리개

ცელი

큰 낫

გუთანი

쟁기

ნამგალი

낫

თოხი

괭이

პატივის სახვეტი ჩანგალი

쇠스랑

ცული

도끼

მაზიდი

외바퀴 손수레

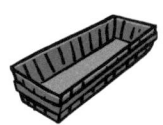

გობი

여물통

რძის ბიდონი

우유 캔

ტომარა

부대

ღობე

울타리

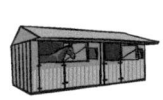

ბოსელი

축사

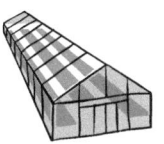

სათბური

비닐하우스

ნიადაგი

땅

თესლი

씨앗

სასუქი

거름

მოსავლის ამღები კომბაინი

콤바인

მოსავლის აღება
수확하다

მოსავალი
수확

იამი
참마

ხორბალი
밀

სოიო
콩

კარტოფილი
감자

სიმინდი
옥수수

სარეველას თესლი
유채씨

ხეხილი
과일나무

მანიოკი
카사바

მარცვლეული
곡식

სახლი

집

ბუხარი
굴뚝
სახურავი
지붕
წყალსადინარი მილი
낙수 홈통
ფანჯარა
창문
ავტოფარეხი
차고
კარის ზარი
초인종
კარი
문
ნაგვის ყუთი
쓰레기통
საფოსტო ყუთი
우편함
정원

მისაღები ოთახი

응접실

აბაზანა

욕실

სამზარეულო

부엌

საძინებელი

침실

საბავშვო ოთახი

아이들 방

სასადილო ოთახი

식사실

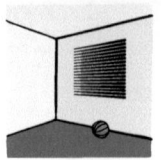

სართული

바닥

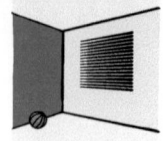

კედელი

벽

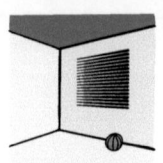

ჭერი

천장

სარდაფი

지하실

საუნა

사우나

აივანი

발코니

ტერასა

테라스

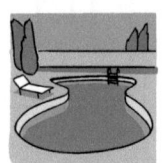

აუზი

수영장

გაზონის საკრეჭი

잔디 깎는 기계

საბნის კონვერტი

침대 시트

საწოლი

이불

ლოგინი

침대

ცოცხი

빗자루

სათლი

양동이

გადამრთველი

스위치

მისაღები ოთახი

응접실

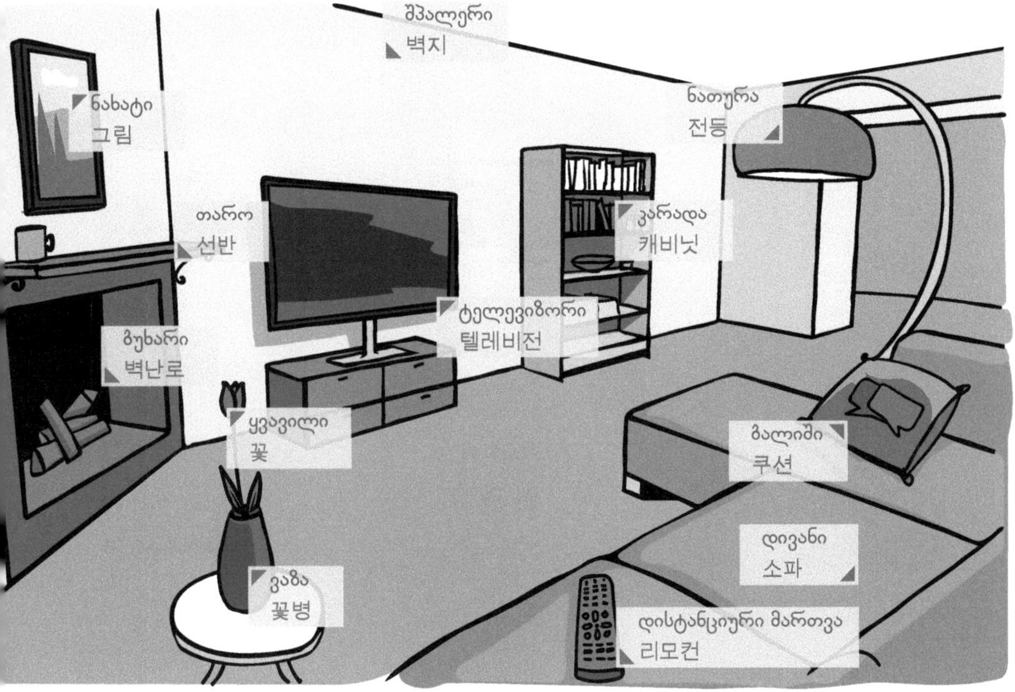

შპალერი
벽지
ნახატი
그림
ნათურა
전등
თარო
선반
კარადა
캐비닛
ტელევიზორი
텔레비전
ბუხარი
벽난로
ყვავილი
꽃
ბალიში
쿠션
დივანი
소파
ვაზა
꽃병
დისტანციური მართვა
리모컨

ხალიჩა

카페트

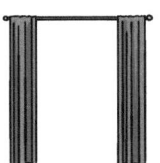

ფარდა

커튼

მაგიდა

탁자

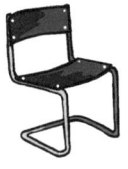

სკამი

의자

სარწეველა სკამი

흔들의자

სავარძელი

안락의자

წიგნი
책

საბანი
담요

დეკორაცია
장식

შეშა
땔감나무

ფილმი
영화

hi-fi მოწყობილობები
하이파이 기기

გასაღები
열쇠

გაზეთი
신문

ფერწერა
회화

პლაკატი
포스터

რადიო
라디오

ბლოკნოტი
노트

მტვერსასრუტი
진공청소기

კაქტუსი
선인장

სანთელი
초

სამზარეულო
부엌

მაცივარი
냉장고
მიკრო-ტალღური ღუმელი
전자레인지
სამზარეულოს სასწორი
주방용 저울
ტოსტერი
토스터
სარეცხი საშუალება
세척제
ღუმელი
오븐
საყინულე
냉동실
ნაგვის ყუთი
쓰레기통
ჭურჭლის სარეცხი მანქანა
식기세제

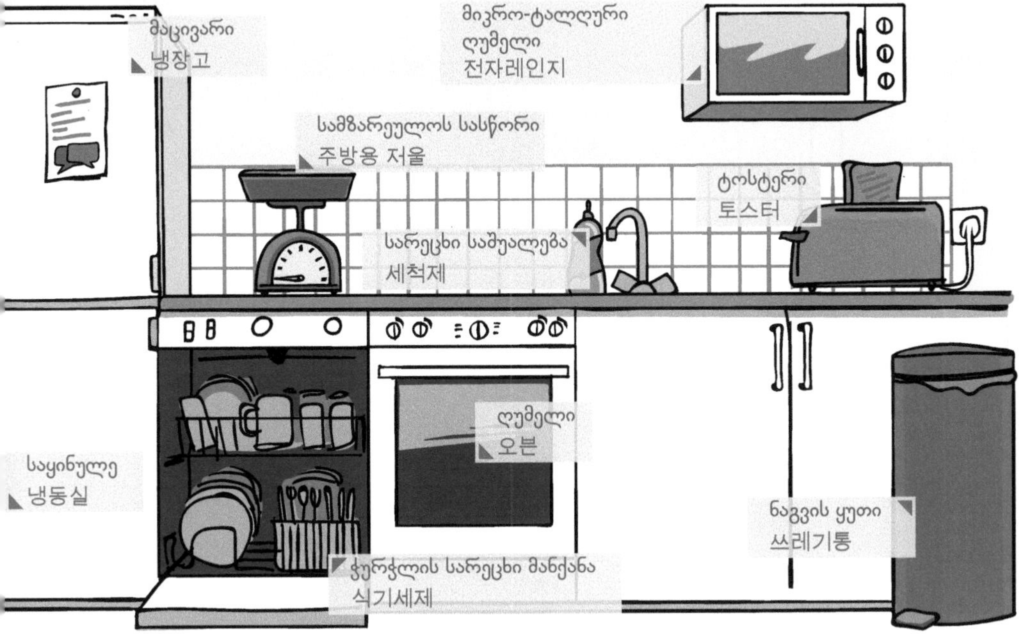

გაზქურა

쿠커

ქოთანი

냄비

თუჯის ქვაბი

주철 냄비

ტაფა ამობერილი ფსკურით

웍 / 카다이 냄비

ტაფა

프라이팬

ჩაიდანი

주전자

სამზარეულო - 부엌 35

ორთქლსახარში

찜기

საცხობი ლანგარი

오븐 구이용 쟁반

ჭურჭელი

그릇

კათხა

머그

თასი

양푼이

ჩინური ჩხირები

젓가락

ჩამჩა

국자

ფითხი

주걱

სათქვეფელა

거품기

საწური

여과기

საცერი

체

სახეხი

강판

სანაყი

절구

გრილი

바베큐

კოცონი

화덕

დაფა
도마

საგორავი
밀방망이

ბურღი
코르크 병따개

ქილა
캔

ქილის გასახსნელი
캔 따개

ქოთნის დამჭერი
냄비 받침

ნიჟარა
개수대

ფუნჯი
솔

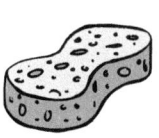

ღრუბელი
수세미

ბლენდერი
블렌더

საყინულე კამერა
냉동고

საბავშვო ბოთლი
젖병

ონკანი
수도꼭지

აბაზანა

욕실

გათბობა
히터
პირსახოცი
수건
ღრუბლიანი აბანო
거품 비누
ვანა
세탁기
ფილები
타일
ღამის ქოთანი
변기
შხაპი
샤워
საშხაპე ფარდა
샤워 커튼
유리잔
ონკანი
수도꼭지
ნიჟარა
개수대

ტუალეტი

화장실

იატაკის ტუალეტი

재래식 화장실

ბიდე

비데

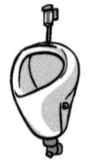

კედლის პისუარი

공중 변소

ტუალეტის ქაღალდი

화장지

ტუალეტის ჯაგრისი

변기솔

კბილის ჯაგრისი

치솔

კბილის პასტა

치약

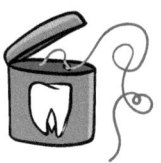

კბილის ძაფი

치실

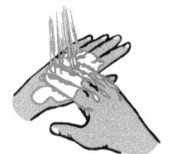

რეცხვა

씻다

ხელის შხაპი

샤워기

ინტიმური შხაპი

질 세척제

ტაშტი

대야

ზურგის სახეხი ფუნჯი

등밀이솔

საპონი

비누

შხაპის გელი

샤워 젤

შამპუნი

샴푸

ნეჭა

물걸레

სანიაღვრე

배수관

კრემი

크림

დეოდორანტი

체취 제거제

სარკე

거울

ხელის სარკე

휴대용 거울

ბრიტვა

면도기

საპარსი ქაფი

면도 거품

საშუალება გაპარსვის შემდეგ

에프터쉐이브

სავარცხელი

빗

ჯაგრისი

솔

თმის საშრობი

헤어드라이기

თმის ლაქი

헤어스프레이

კოსმეტიკა

메이크업

ტუჩების პომადა

립스틱

ფრჩხილის ლაქი

손톱깎이

ბამბა

면 솜

ფრჩხილის მაკრატელი

손톱

სუნამო

향수

კოსმეტიკის ჩანთა

세면도구 주머니

ტაბურეტი

스툴

სასწორი

저울

საბანაო ხალათი

목욕 가운

რეზინის ხელთათმანები

고무 장갑

ტამპონი

탐폰

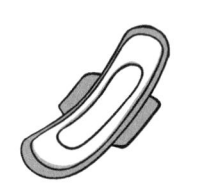

სანიტარული პირსახოცი

생리대

ბიო-ტუალეტი

화학 화장실

საბავშვო ოთახი
아이들 방

მაღვიძარა
자명종
რბილი სათამაშო
털인형
სათამაშო მანქანა
장난감 차
ჩხარუნა სათამაშო
თოჯინების სახლი
인형의 집
საჩუქარი
선물

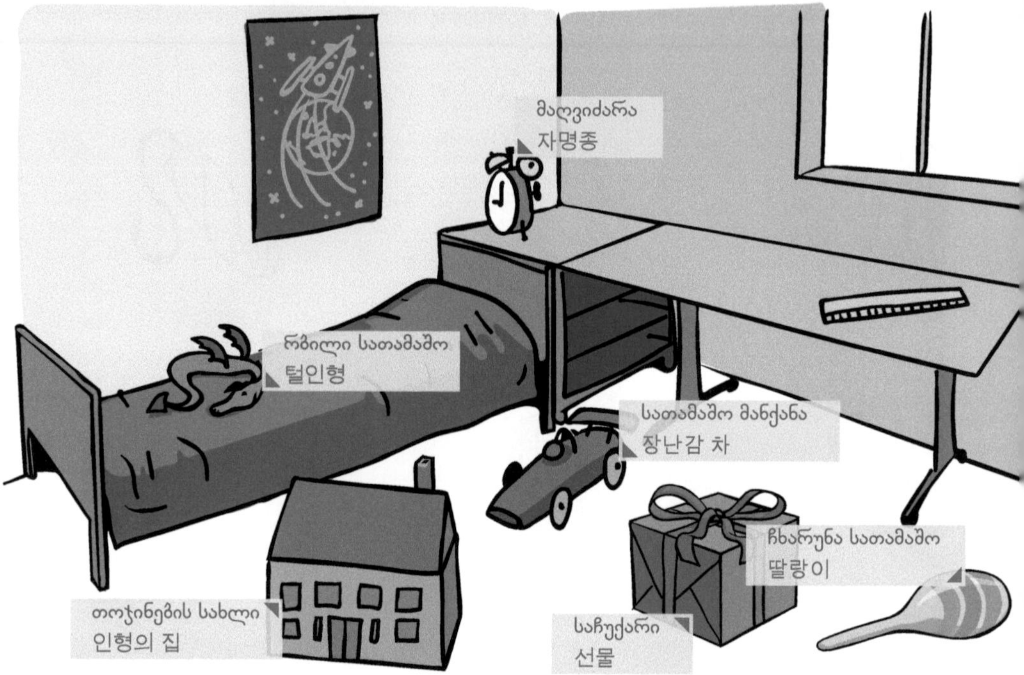

ბუშტი

풍선

ლოგინი

침대

საბავშვო ეტლი

유모차

კარტის თამაში

카드 게임

პაზლი

퍼즐

კომიკსი

만화

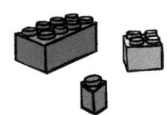

ლეგოს აგურები
....
레고

ასაშენებელი კუბიკები
....
장난감 블럭

სათამაშო ფიგურა
....
액션 캐릭터

საცოცავი
....
베이비 그로

ფრისბი
....
프리스비

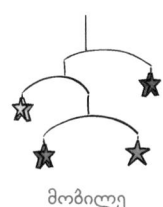

მობილე
....
모빌

სამაგიდო თამაში
....
보드 게임

კამათელი
....
주사위

რკინიგზის მოდელი
....
기차 모형 세트

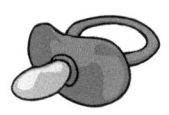

საწოვარა
....
노리개 젖꼭지

წვეულება
....
파티

წიგნი ნახატებით
....
그림책

ბურთი
....
공

თოჯინა
....
인형

თამაში
....
놀다

საქვიშარი

모래상자

საქანელა

그네

სათამაშოები

장난감

ვიდეო თამაშის კონსოლი

비디오 게임 콘솔

სამთვლიანი ველოსიპედი

세바퀴자전거

დათუნია

곰인형

გარდერობი

옷장

ტანსაცმელი
의복

წინდები

양말

ჩულქები

스타킹

კოლგოტები

스타킹

შარფი
스카프
ქამარი
허리띠
ქოლგა
우산
მკლავებიანი მაისური
티셔츠
ბოტასები
운동화
ფეხსაცმელი
부츠
ჩუსტები
슬리퍼

სანდლები
샌들

ფეხსაცმელი
신발

რეზინის ჩექმები
고무 장화

ტრუსები
팬티

ბიუსჰალტერი
브래지어

მაისური
러닝 셔츠

სხეული

바디

შარვალი

바지

ჯინსი

청바지

ქვედაკაბა

치마

ბლუზი

블라우스

პერანგი

셔츠

სვიტრი

풀오버

კაპიუშონიანი ჟაკეტი

후드티

სპორტული ქურთუკი

블레이저

ჟაკეტი

자켓

პალტო

외투

საწვიმარი

비옷

კოსტუმი

의상

კაბა

원피스

საქორწილო კაბა

웨딩 드레스

კაცის კოსტიუმი

양복

ღამის პერანგი

나이트가운

პიჟამოები

잠옷

სარი

사리

თავშალი

두건

ტურბანი

터번

ჩადრი

부르카

ხიფთანი

카프탄

აბაია

아바야

საცურაო კოსტუმი

수영복

ჩემოდნები

수영바지

შორტები

반바지

სპორტული კოსტიუმი

트레이닝복

წინსაფარი

앞치마

ხელთათმანები

장갑

ღილი
단추

სათვალეები
안경

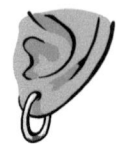

სამაჯური
팔찌

ყელსაბამი
목걸이

ბეჭედი
반지

საყურე
귀걸이

კეპი
캡 모자

საკიდი
옷걸이

ქუდი
모자

ჰალსტუხი
넥타이

ელვა-შესაკრავის შეკვრა
지퍼

ჩაფხუტი
헬멧

აჭიმი
멜빵

სკოლის ფორმა
교복

ფორმა
유니폼

ბავშვის წინსაფარი

털받이

საწოვარა

노리개 젖꼭지

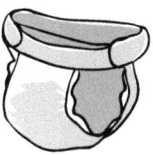

პამპერსი

기저귀

ოფისი

사무실

სერვერი
서버
საკანცელარიო კარადა
서류 캐비닛
პრინტერი
인쇄기
მონიტორი
모니터
ქაღალდი
종이
მაგიდა
책상
თაგვი
마우스
საქაღალდე
폴더
კლავიატურა
자판기
ათა ნარჩენი ქაღალდებისათვის
통
კომპიუტერი
컴퓨터
სკამი
의자

ყავის ფინჯანი

커피잔

კალკულატორი

계산기

ინტერნეტი

인터넷

ლეპტოპი
....
노트북

წერილი
....
편지

მესიჯი
....
메시지

მობილური ტელეფონი
....
휴대전화

ქსელი
....
네트워크

სკანერი
....
복사기

პროგრამული
უზრუნველყოფა
....
소프트웨어

ტელეფონი
....
전화

როზეტი
....
플러그 소켓

ფაქსის მანქანა
....
팩시밀리

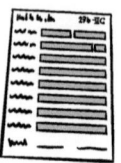

ფორმულარი
....
서식

დოკუმენტი
....
서류

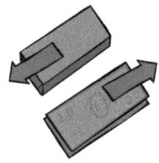

ყიდვა
사다

გადახდა
지불하다

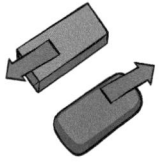

ვაჭრობა
거래하다

ფული
돈

USD

დოლარი
달러

EUR

ევრო
유로

JPY

იენი
엔

RUB

რუბლი
루벨

CHF

შვეიცარული ფრანკი
스위스 프랑

ჟენმინბი იუანი
위안

INR

რუპი
루피

ბანკომატი
현금인출기

ვალუტის გადაცვლის პუნქტი
환전소

ოქრო
금

ვერცხლი
은

ნავთობი
석유

ენერგია
에너지

ფასი
가격

ხელშეკრულება
계약

გადასახადი
세금

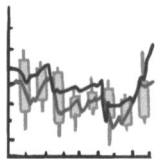

აქცია
주식

მუშაობა
일하다

თანამშრომელი
근로자

დამსაქმებელი
고용주

ქარხანა
공장

მაღაზია
상점

პროფესიები

직업

პოლიციის ოფიცერი
경찰관
მეხანძრე
소방관
მზარეული
요리사
ექიმი
의사
მფრინავი
조종사

მებაღე

정원사

დურგალი

목수

თეთრეულის მკერავი ქალბატონი

수선공

მოსამართლე

판사

ქიმიკოსი

화학자

მსახიობი

배우

ავტობუსის მძღოლი

버스운전사

ტაქსის მძღოლი

택시 운전사

მეთევზე

어부

დამლაგებელი ქალბატონი

청소부

სახურავის ოსტატი

지붕 수리자

მიმტანი

웨이터

მონადირე

사냥꾼

ფერმწერი

화가

მცხობელი

제빵사

ელექტრიკოსი

전기업자

მშენებელი

건축업자

ინჟინერი

엔지니어

ყასაბი

정육점업자

სანტექნიკოსი

배관업자

ფოსტალიონი

우편물 배달부

ჯარისკაცი
군인

არქიტექტორი
건축가

მოლარე
계산원

ფლორისტი
플로리스트

პარიკმახერი
미용사

კონდუქტორი
검표원

მექანიკოსი
정비사

კაპიტანი
선장

სტომატოლოგი
치과의사

მეცნიერი
학자

რაბინი
유대교 라비

იმამი
이맘

ბერი
수도승

სასულიერო პირი
사제

იარაღები
연장

ჩაქუჩი
망치
ბრტყელტუჩა
펜치
სახრახნისი
나사 드라이버
ჯიბის სანათი
손전등
ქანჩის გასაღები
렌치

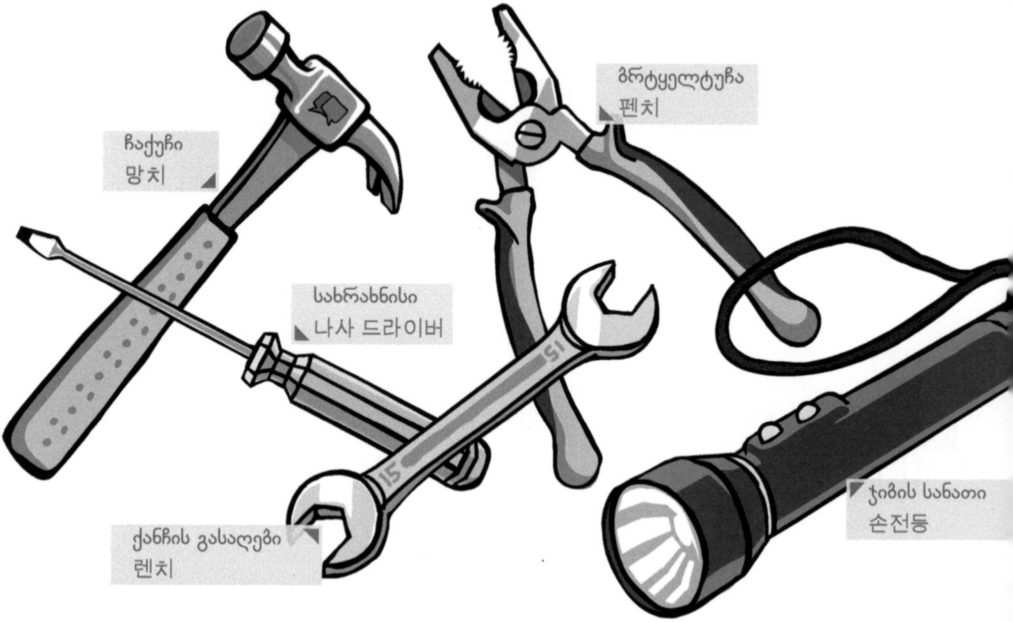

ექსკავატორი

굴삭기

იარაღების ყუთი

연장통

კიბე

사다리

ხერხი

톱

ლურსმები

못

საბურღი

드릴

შეკეთება

수리하다

ნიჩაბი

삽

ანდაბა!

젠장!

აქანდაზი

쓰레받기

საღებავის ქოთანი

페인트통

ხრახნები

나사

მუსიკალური ინსტრუმენტები
악기

დასარტყამი ინსტრუმენტების კრებული
드럼
რეპროდუქტორი
스피커
გიტარა
기타
კონტრაბასი
콘트라베이스
საყვირი
트럼펫

ფორტეპიანო

피아노

ვიოლინო

바이올린

ბასი

베이스

ტიმპანონი

팀파니

დასარტყამები

북

კლავიშები

키보드

საქსოფონი

색소폰

ფლეიტა

플루트

მიკროფონი

마이크

შესასვლელი
입구

ვეფხვი
호랑이

გალია
우리

ზებრა
얼룩말

ცხოველთა საკვები
사료

პანდა
판다 곰

ცხოველები

동물

სპილო

코끼리

კენგურუ

캥거루

მარტორქა

코뿔소

გორილა

고릴라

დათვი

곰

აქლემი

낙타

სირაქლემა

타조

ლომი

사자

მაიმუნი

원숭이

ფლამინგო

홍학

თუთიყუში

앵무새

პოლარული დათვი

북극곰

პინგვინი

펭귄

ზვიგენი

상어

ფარშევანგი

공작

გველი

뱀

ნიანგი

악어

ზოოპარკის მფლობელი

동물원 사육사

სელაპი

물개

იაგუარი

재규어

პონი

조랑말

ლეოპარდი

표범

ბეჰემოტი

하마

ჟირაფი

기린

არწივი

독수리

ტახი

멧돼지

თევზი

생선

კუ

거북이

მორჟი

바다코끼리

მელა

여우

გაზელი

영양

სპორტი

스포츠

ამერიკული ფეხბურთი
미식축구
ველოსპორტი
자전거 경기
ჩოგბურთი
კალათბურთი
농구
ცურვა
수영
კრივი
권투
ყინულის ჰოკეი
아이스하키

ფეხბურთი

축구

ბადმინტონი

배드민턴

მძლეოსნობა

육상 경기

ხელბურთი

핸드볼

სათხილამურო სპორტი

스키

წყლის პოლო

폴로

მოქმედებები
활동

დაცინვა
웃다
გადახტომა
뛰어오르다
ჩახუტება
포옹하다
სეირნობა
걷다
სიმღერა
노래하다
ოცნებობა
꿈꾸다
ლოცვა
기도하다
კოცნა
입맞추다

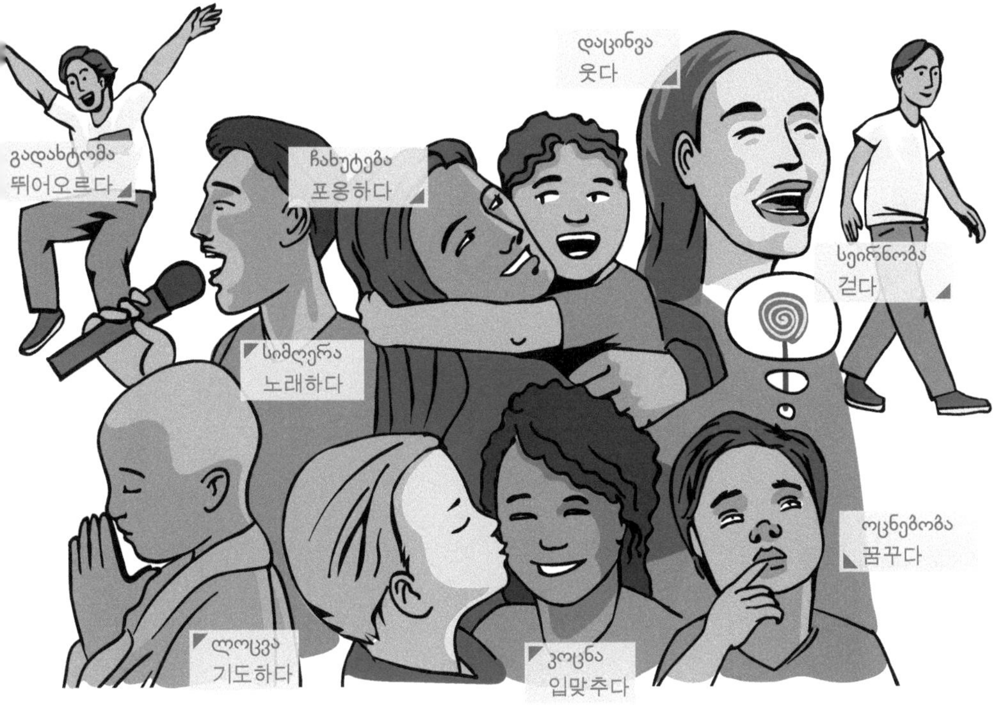

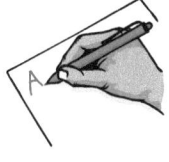

წერა

쓰다

დახატვა

그리다

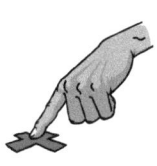

ჩვენება

보여주다

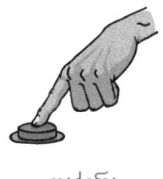

დაჭერა

밀다

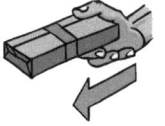

მიცემა

주다

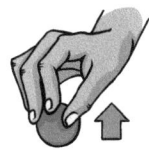

აღება

받다

ქონა

가지다

კეთება

행하다

ყოფნა

...이다

დგომა

서있다

გარბენა

뛰다

მოქაჩვა

당기다

გადაყრა

던지다

დაცემა

떨어지다

ტყუილის თქმა

누워있다

მოცდენა

기다리다

ტარება

운반하다

ჯდომა

앉다

ჩაცმა

옷을 입다

ძილი

자다

გაღვიძება

깨다

დათვალიერება
보다

ტირილი
울다

გაუთოება
쓰다듬다

დავარცხნა
빗다

ლაპარაკი
말하다

გაგება
이해하다

შეკითხვა
묻다

მოსმენა
듣다

დალევა
마시다

ჭამა
먹다

დალაგება
정리하다

ყვარება
사랑하다

კერძების მზადება
요리하다

სვლა
주행하다

ფრენა
날다

აფრის ქვეშ სიარული

해항하다

გამოთვლა

계산하다

წაკითხვა

읽다

შესწავლა

배우다

მუშაობა

일하다

ქორწინება

결혼하다

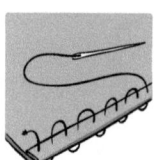

კერვა

바느질하다

კბილების ხეხვა

이를 닦다

მოკვლა

죽이다

მოწევა

담배 피우다

გაგზავნა

보내다

ოჯახი
가족

ბებია
할머니
ბაბუა
할아버지
მამა
아버지
დედა
어머니
ბავშვი
아기
ქალიშვილი
딸
ვაჟიშვილი
아들

სტუმარი
....
손님

დეიდა
....
이모 / 고모

ბიძა
....
삼촌

ძმა
....
형제

და
....
자매

სხეული

몸통

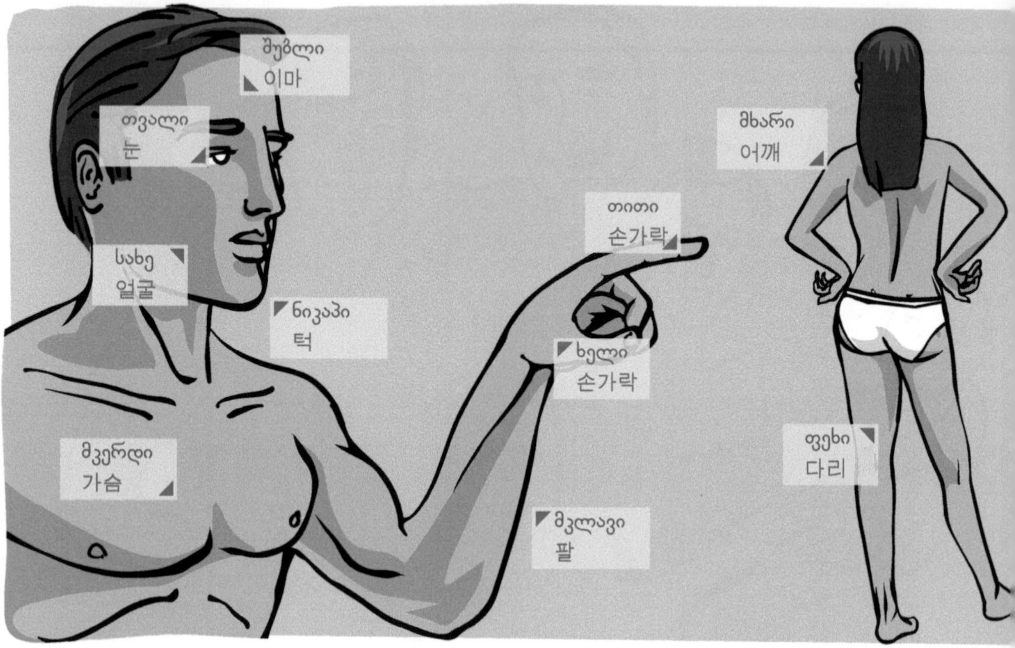

შუბლი
이마
თვალი
눈
მხარი
어깨
თითი
손가락
სახე
얼굴
ნიკაპი
턱
ხელი
손가락
მკერდი
가슴
ფეხი
다리
მკლავი
팔

ბავშვი

아기

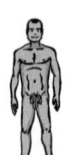

კაცი

남자

ქალი

여자

გოგო

소녀

ბიჭი

소년

თავი

머리카락

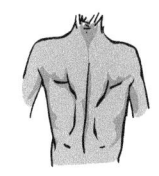

ზურგი

등

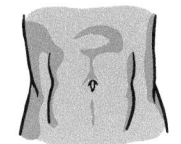

მუცელი

배

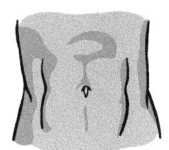

ჭიპი

배꼽

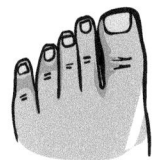

ფეხის თითი

발가락

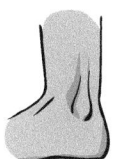

ქუსლი

발꿈치

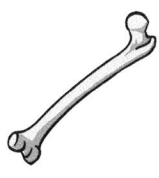

ძვალი

뼈

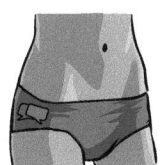

ბარძაყი

엉덩이

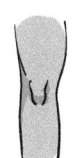

მუხლი

무릎

იდაყვი

팔꿈치

ცხვირი

코

დუნდულა

둔부

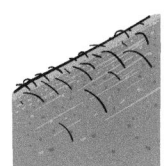

კანი

피부

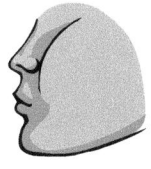

ლოყა

뺨

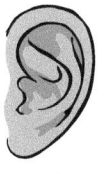

ყური

귀

ტუჩი

입술

პირი

입

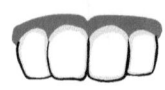

კბილი

치아

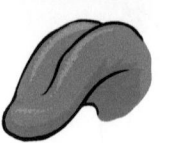

ენა

혀

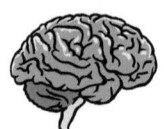

ტვინი

뇌

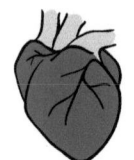

გული

심장

კუნთი

근육

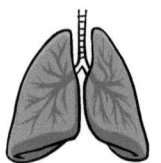

ფილტვი

허파

ღვიძლი

간

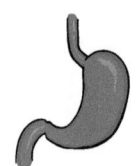

კუჭი

위

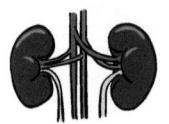

თირკმელები

신장

სექსი

성교

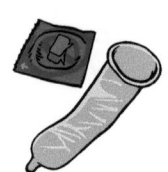

პრეზერვატივი

콘돔

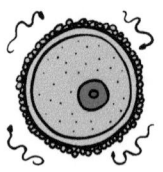

კვერცხუჯრედი

난자

სპერმა

정자

ორსულობა

임신

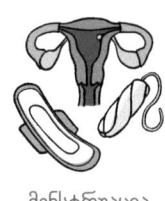

მენსტრუაცია
월경

საშო
질

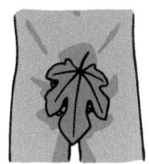

პენისი
음경

წარბი
눈썹

თმა
머리카락

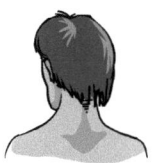

კისერი
목

საავადმყოფო

병원

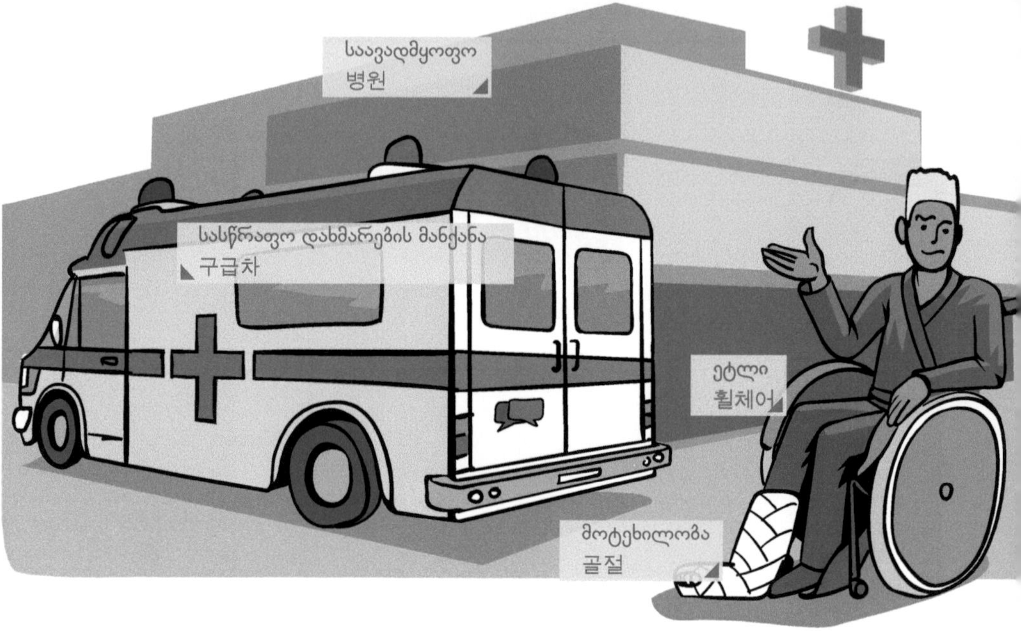

საავადმყოფო
병원
სასწრაფო დახმარების მანქანა
구급차
ეტლი
휠체어
მოტეხილობა
골절

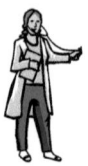

ექიმი

의사

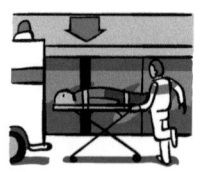

პირველი დახმარების ოთახი

응급실

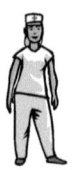

მედდა

간호사

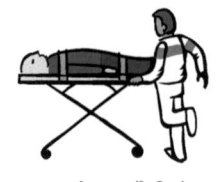

გადაუდებელი შემთხვევა

응급상황

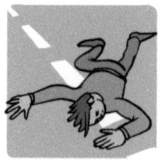

უგონოდ მყოფი

혼수상태

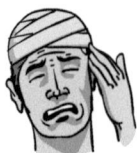

ტკივილი

통증

დაზიანება
부상

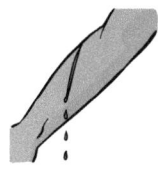

სისხლდენა
출혈

გულის შეტევა
심장마비

ინსულტი
뇌졸중

ალერგია
알러지

ხველა
기침

ცხელება
열

გრიპი
독감

დიარეა
설사

თავის ტკივილი
두통

კიბო
암

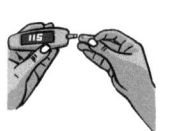

დიაბეტი
당뇨병

ქირურგი
외과의

სკალპელი
수술용 메스

ოპერაცია
수술

კტ

CT

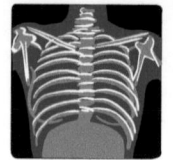

რენტგენი

엑스레이

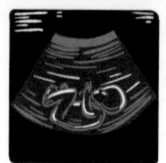

ულტრაბგერა

초음파

ნიღაბი

마스크

დაავადება

질병

მოსაცდელი ოთახი

대기실

ყავარჯენი

목발

თაბაშირი

반창고

ბინტი

붕대

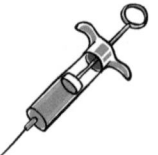

ინექცია

주사

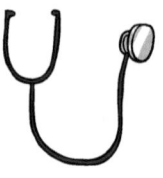

სტეტოსკოპი

청진기

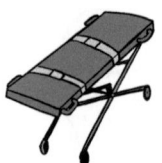

საკაცე

들것

თერმომეტრი

체온계

დაბადება

출생

ჭარბი წონა

과체중

სმენის აპარატი

보청기

სადეზინფექციო საშუალება

소독약

ინფექცია

감염

ვირუსი

바이러스

აივ / შიდსი

HIV / AIDS

წამალი

의학

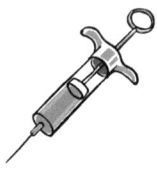

ვაქცინაცია

예방접종

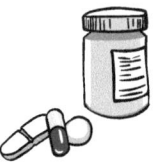

ტაბლეტები

알약

აბი

알약

ადაუდებელი გამოძახება

구급 전화

წნევის საზომი აპარატი

혈압측정기

ავადმყოფი / ჯანმრთელი

병든 / 건강한

გადაუდებელი შემთხვევა
응급상황

დამეხმარეთ!

도와주세요!

განგაში

경보음

თავდასხმა

폭행

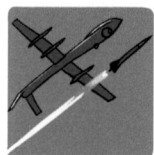

შეტევა

공격

საფრთხე

위험

სათადარიგო გასასვლელი

비상구

ხანძარი!

불이야!

ცეცხლსაქრობი

소화기

უბედური შემთხვევა

사고

პირველადი დახმარების აფთიაქი

구급 상자

SOS

SOS

პოლიცია

경찰

ევროპა

유럽

ჩრდილოეთ ამერიკა

북미

სამხრეთ ამერიკა

남미

აფრიკა

아프리카

აზია

아시아

ავსტრალია

호주

ატლანტიკა

북극

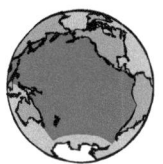

წყნარი ოკეანე

태평양

ინდოეთის ოკეანე

인도양

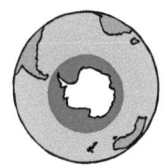

ანტარქტიკის ოკეანე

남극해

ჩრდილოეთის ყინულოვანი
ოკეანე
북극해

ჩრდილოეთ პოლუსი

북극해

სამხრეთ პოლუსი

남극해

ანტარქტიდა

남극

დედამიწა

지구

ხმელეთი

육지

ზღვა

바다

კუნძული

섬

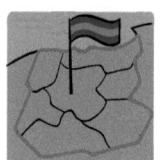

ერი

국가

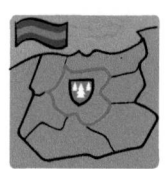

სახელმწიფო

주

საათი
시계

ციფერბლატი

시계 문자판

საათების ისარი

시침

წუთების ისარი

분침

წამების ისარი

초침

რომელი საათია?

몇 시입니까?

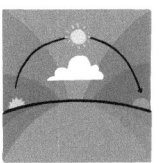

დღე

일

დრო

시간

ახლა

지금

ციფრული საათი

디지털 시계

წუთი

분

საათი

시간

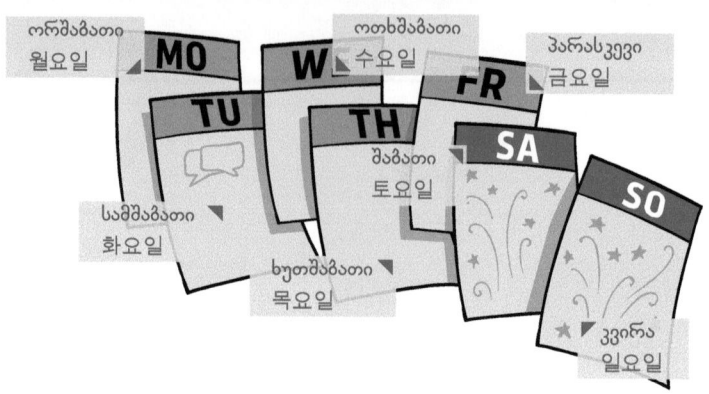

ორშაბათი
월요일

ოთხშაბათი
수요일

პარასკევი
금요일

სამშაბათი
화요일

ხუთშაბათი
목요일

შაბათი
토요일

კვირა
일요일

გუშინ
어제

დღეს
오늘

ხვალ
내일

დილა
아침

შუადღე
정오

საღამო
저녁

MO	TU	WE	TH	FR	SA	SU
1	2	3	4	5	6	7
8	9	10	11	12	13	14
15	16	17	18	19	20	21
22	23	24	25	26	27	28
29	30	31	1	2	3	4

სამუშაო დღეები
근로일

MO	TU	WE	TH	FR	SA	SU
1	2	3	4	5	6	7
8	9	10	11	12	13	14
15	16	17	18	19	20	21
22	23	24	25	26	27	28
29	30	31	1	2	3	4

შაბათი-კვირა
주말

წელი
년도

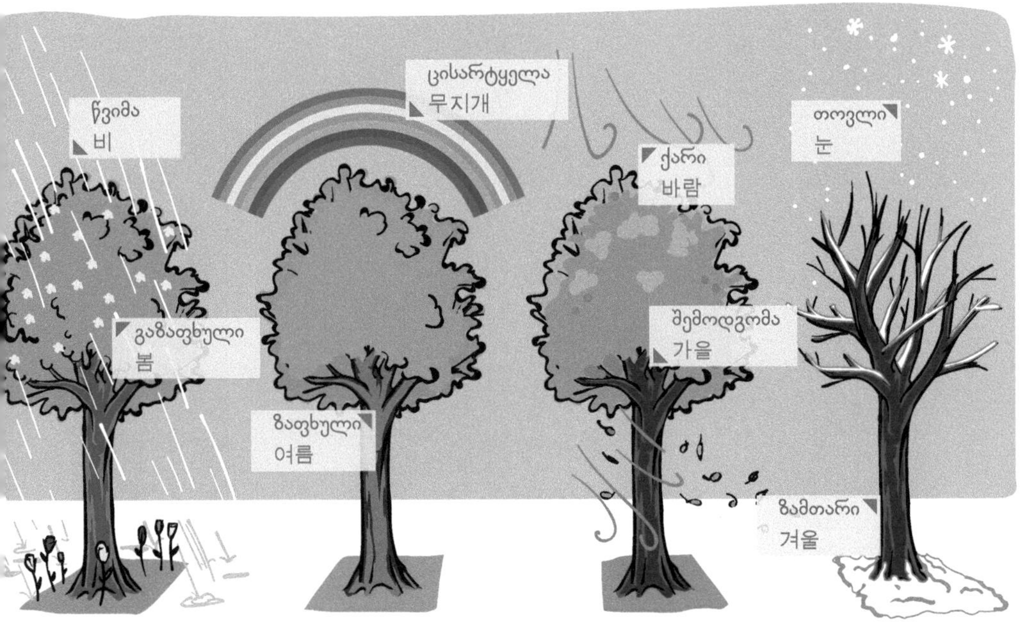
წვიმა
비
ცისარტყელა
무지개
თოვლი
눈
ქარი
바람
გაზაფხული
봄
შემოდგომა
가을
ზაფხული
여름
ზამთარი
겨울

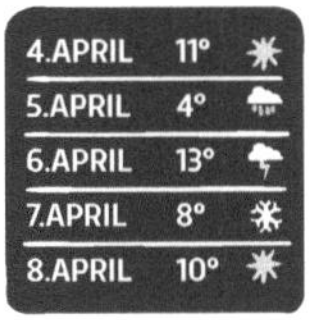
4.APRIL 11°
5.APRIL 4°
6.APRIL 13°
7.APRIL 8°
8.APRIL 10°

ამინდის პროგნოზი

날씨 예보

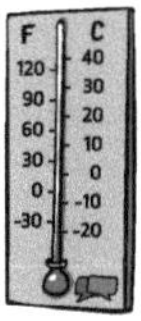
F C
120 40
90 30
60 20
30 10
0 0
-30 -10
-20

თერმომეტრი

온도계

მზის სხივი

햇빛

ღრუბელი

구름

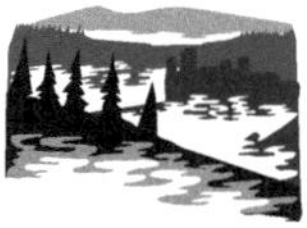

ნისლი

안개

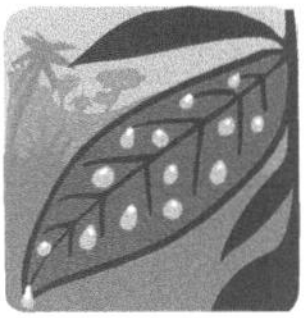

ტენიანობა

습도

ელვა
....
번개

ქუხილი
....
천둥

შტორმი
....
폭풍

სეტყვა
....
우박

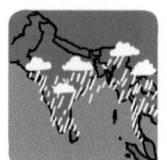

მუსონი
....
장마

წყალდიდობა
....
홍수

ყინული
....
얼음

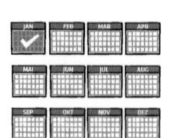

იანვარი
....
1월

თებერვალი
....
2월

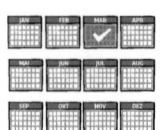

მარტი
....
3월

აპრილი
....
4월

მაისი
....
5월

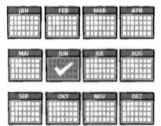

ივნისი
....
6월

ივლისი
....
7월

აგვისტო
....
8월

წელი - 년도

სექტემბერი

9월

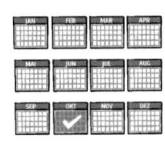

ოქტომბერი

10월

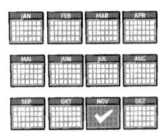

ნოემბერი

11월

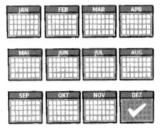

დეკემბერი

12월

ფორმები
형태

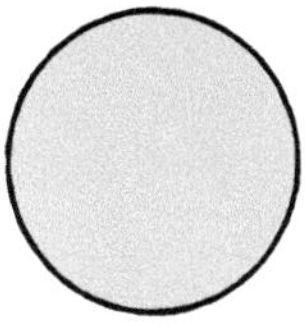

წრე

원

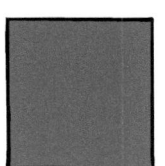

კვადრატი

정사각형

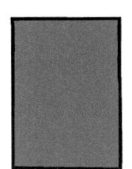

მართკუთხედი

직사각형

სამკუთხედი

삼각형

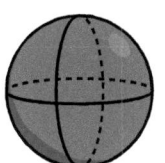

სფერო

구

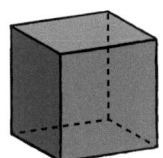

კუბი

정사면체

ფერები

색

თეთრი

하양

ყვითელი

노랑

ნარინჯისფერი

주황

ვარდისფერი

분홍

წითელი

빨강

იისფერი

보라

ცისფერი

파랑

მწვანე

초록

ყავისფერი

갈색

ნაცრისფერი

회색

შავი

검정

ბევრი / ცოტა

많은 / 적은

გაბრაზებული / მშვიდი

화난 / 차분한

ლამაზი / მახინჯი

아름다운 / 추한

დასაწყისი / დასასრული

시작 / 끝

დიდი / პატარა

큰 / 작은

ნათელი / მუქი

밝은 / 어두운

ძმა / და

형제 / 자매

სუფთა / ჭუჭყიანი

깨끗한 / 더러운

სრული / არასრული

완전한 / 불완전한

დღე / ღამე

낮 / 밤

მკვდარი / ცოცხალი

죽은 / 산

განიერი / ვიწრო

넓은 / 좁은

საჭმელად ვარგისი /
საჭმელად უვარგისი

삭용의 / 비식용의

ბოროტი / კეთილი

불친절한 / 친절한

შთამბეჭდავი / მოსაწყენი

흥분된 / 지루한

სქელი / თხელი

뚱뚱한 / 마른

პირველი / ბოლო

처음으로 / 마지막으로

მეგობარი / მტერი

친구 / 적

სრული / ცარიელი

꽉 찬 / 텅 빈

მყარი / რბილი

딱딱한 / 부드러운

მძიმე / მსუბუქი

무거운 / 가벼운

მოშიებული / მწყურვალე

배고픔 / 목마름

ავადმყოფი / ჯანმრთელი

병든 / 건강한

არალეგალური /
ლეგალური

불법 / 합법

ინტელექტუალი / სულელი

영리한 / 어리석은

მარცხენა / მარჯვენა

왼 / 오른

ახლოს / შორს

가까운 / 먼

ახალი / გამოყენებული

새 / 헌

არაფერი / რაღაცა

무 / 유

მოხუცი / ახალგაზრდა

늙은 / 젊은

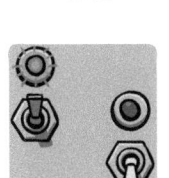

ჩართვა / გამორთვა

온 / 오프

ღია / დახურული

열린 / 닫힌

ჩუმი / ხმამაღალი

조용한 / 시끄러운

მდიდარი / ღარიბი

부유한 / 가난한

მართალი / მტყუანი

옳은 / 틀린

უხეში / გლუვი

거친 / 매끄러운

სევდიანი / ბედნიერი

슬픈 / 기쁜

მოკლე / გრძელი

짧은 / 긴

ნელი / სწრაფი

느린 / 빠른

სველი / მშრალი

젖은 / 마른

თბილი / გრილი

따뜻한 / 시원한

ომი / მშვიდობა

전쟁 / 평화

რიცხვები
숫자

0	1	2
ნული	ერთი	ორი
영	하나	둘
3	4	5
სამი	ოთხი	ხუთი
셋	넷	다섯
6	7	8
ექვსი	შვიდი	რვა
여섯	일곱	여덟
9	10	11
ცხრა	ათი	თერთმეტი
아홉	열	열하나

12
თორმეტი
열둘

13
ცამეტი
열셋

14
თოთხმეტი
열넷

15
თხუთმეტი
열다섯

16
თექვსმეტი
열여섯

17
ჩვიდმეტი
열일곱

18
თვრამეტი
열여덟

19
ცხრამეტი
열아홉

20
ოცი
스물

100
ასი
백

1.000
ათასი
천

1.000.000
მილიონი
백만

ენები
언어

ინგლისური
영어

ამერიკული ინგლისური
미국식 영어

ჩინური მანდარინი
중국어 만다린

ჰინდი
힌두어

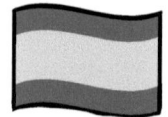

ესპანური
스페인어

ფრანგული
프랑스어

არაბული
아랍어

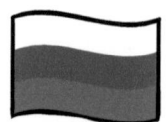

რუსული
러시아어

პორტუგალიური
포르투갈어

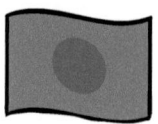

ბენგალური
불가리아어

გერმანული
독일어

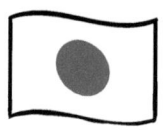

იაპონური
일본어

ვინ / რა / როგორ
누가 / 무엇이 / 어떻게

მე

나

შენ

너

ის / ის / იგი

그 / 그녀/ 그것

ჩვენ

우리

თქვენ

너희들

ისინი

그들

ვინ?

누가?

რა?

무엇이?

როგორ?

어떻게?

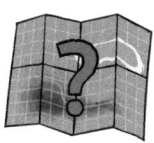

სად?

어디서?

როდის?

언제?

სახელი

이름

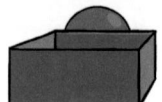

სად
어디에

უკან

뒤에

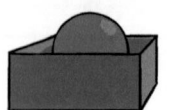

შიგნით

안에

წინ

앞에

ზედ

위에

=-ზე

위에

ქვეშ

아래에

გვერდით

옆에

შორის

사이에

ადგილი

장소